Metaverse

Exploration des mondes virtuels et des avatars
au-delà de la réalité

Nicolas Vardel

SOMMAIRE

Clause de non-responsabilité

« Les insectes ne s'attaquent qu'aux lumières qui brillent »

Le présent texte est une Clause de non-responsabilité s'appliquant à l'intégralité de ce livre. Le lecteur est informé que l'ensemble du contenu de ce livre est fourni à titre non contractuel et strictement destiné à des fins purement informatives.

L'auteur de ce livre ne fournit aucune déclaration, aucun engagement ni aucune garantie d'aucune nature, implicite ou explicite, quant à l'exactitude, la véracité, la fiabilité, l'applicabilité, l'adéquation ou l'exhaustivité des informations présentes dans ce livre. Le contenu de ce livre est susceptible d'avoir été produit et ou traduit à l'aide de mécanismes automatisés. En aucun cas, l'auteur de ce livre ne saurait être tenu responsable de la présence d'imperfections, d'erreurs, d'omissions, ou de l'inexactitude du contenu proposé dans ce livre.

Aucune utilisation des informations présentes dans ce livre, de quelque manière que ce soit, ne saurait ouvrir droit à un quelconque dédommagement ou compensation quel qu'en soit sa nature.

L'auteur de ce livre ne saurait en aucun cas être tenu responsable, d'aucune manière, de tout dommage ou préjudice, de quelque nature que ce soit, direct ou indirect, lié ou non à la négligence, pouvant entre autres, découler de l'utilisation de quelque manière que ce soit des informations contenues dans ce livre, et ce, que l'auteur soit ou non avisé de la possibilité de tels dommages.

Le lecteur demeure, en toutes circonstances, le seul et l'unique responsable de l'utilisation et de l'interprétation des informations figurant dans le présent livre et des conséquences qui pourraient en découler.

Toute utilisation du contenu de ce livre de quelque manière que ce soit s'effectue aux risques et périls du lecteur uniquement et n'engage, en aucun cas, aucune responsabilité d'aucune sorte de l'auteur de ce livre.

Si le lecteur ne comprend pas un mot ou une phrase de la présente Clause de non-responsabilité, ou qu'il n'en accepte pas en partie ou pleinement les termes, il doit obligatoirement renoncer à toute utilisation de ce livre et s'engage à le supprimer ou le détruire sans délai.

INTRODUCTION

Bienvenue à l'aube d'une nouvelle ère, un domaine où le tangible et l'intangible convergent, où l'imagination fusionne de manière transparente avec la réalité et où la tapisserie numérique de l'expérience humaine se tisse dans un univers au-delà des frontières du physique. C'est le metaverse, un cosmos numérique qui transcende nos écrans, nos appareils et notre imagination. Dans ce livre, nous nous embarquons dans un voyage pour explorer ce saut monumental dans la connectivité, la créativité et la transformation humaines.

Alors que le metaverse émerge des terres fertiles de la réalité virtuelle, de la réalité augmentée, de la blockchain et de l'intelligence artificielle, il redéfinit ce que signifie être connecté, apprendre, travailler, jouer et coexister. Ce livre est un guide à travers ce terrain inexploré, alors que nous plongeons dans les couches complexes de son architecture, ses implications sociétales et ses possibilités illimitées.

Dans les chapitres suivants, nous traverserons les paysages du metaverse, déballant ses éléments de base fondamentaux - mondes virtuels, avatars et technologies décentralisées. Nous nous plongerons dans son tissu économique, où les crypto-monnaies et les NFT révolutionnent les transactions, et les places de marché virtuelles occupent le devant de la scène. Le metaverse n'est pas seulement un espace numérique ; c'est un paysage social florissant où les avatars se mêlent, les identités se remodèlent et de nouvelles étiquettes d'interaction émergent.

Au-delà de la sphère sociale, nous découvrirons comment le metaverse transforme le divertissement, la narration et l'éducation. C'est un endroit où le jeu évolue dans des domaines inimaginables, où des récits immersifs sont créés à nouveau et où les salles de classe transcendent les frontières de la brique et du mortier. Le metaverse remodèle également le travail et la collaboration, ouvrant la voie à la redéfinition du travail à distance et à la formation sans effort d'équipes mondiales au-delà des clivages culturels.

Pourtant, un grand potentiel s'accompagne d'une grande responsabilité. Ce livre plonge dans les dimensions éthiques du metaverse, des préoccupations de confidentialité aux défis de la création d'êtres IA sensibles. Nous naviguerons dans les paysages juridiques, les obstacles réglementaires et l'importance de protéger notre bien-être mental et émotionnel dans ces domaines numériques.

Ce livre n'est pas seulement un guide; c'est un appel à l'action. C'est une exploration de la façon dont nous, en tant que créateurs et consommateurs, pouvons construire un metaverse qui reflète nos valeurs, assure l'équité et l'accessibilité, et coexiste harmonieusement avec notre monde physique. Au fil des chapitres qui suivent, nous découvrirons les fils qui tissent notre destin numérique, tissant des liens entre le réel et le virtuel, le tangible et l'intangible.

Alors, attachez votre ceinture de sécurité et préparez-vous pour un voyage au-delà des écrans et des appareils. Le metaverse vous attend, où les horizons s'étendent sans limites, où la créativité ne connaît pas de limites et où l'avenir est à nous de façonner.

Chapitre 1 : L'émergence du metaverse

a. La genèse des royaumes numériques

L'origine du metaverse trouve ses racines dans la convergence de l'innovation technologique, de l'imagination humaine et de la volonté persistante de transcender les limites du monde physique. Le concept de royaumes numériques est apparu comme une progression naturelle des premières expériences de communication assistée par ordinateur et d'environnements virtuels. Dans les années 1960, "L'épée de Damoclès" d'Ivan Sutherland a marqué l'une des premières tentatives de création d'un environnement généré par ordinateur, bien que rudimentaire selon les normes d'aujourd'hui. Ce précurseur a jeté les bases des avancées ultérieures de la réalité virtuelle et, par conséquent, du metaverse.

Tout au long des années 1980 et 1990, les premières itérations de mondes virtuels et de communautés en ligne, telles que Habitat, LambdaMOO et Second Life, ont montré le potentiel naissant des espaces numériques interconnectés. Second Life, lancé en 2003, permettait aux utilisateurs de créer des avatars, de s'engager dans des interactions sociales et de créer des propriétés virtuelles, incarnant certaines caractéristiques essentielles du futur metaverse. Bien que ces plates-formes représentaient des instances isolées de virtualité, elles ont jeté les bases d'un metaverse plus complet et intégré.

L'accélération des capacités technologiques, en particulier dans la puissance de calcul, le traitement graphique et l'infrastructure réseau, a propulsé l'évolution des domaines numériques. L'introduction d'écrans montés sur la tête et de systèmes de suivi de mouvement dans les années 2010 a facilité une expérience de réalité virtuelle plus immersive, emmenant les utilisateurs au-delà du domaine des écrans et des claviers. Des entreprises comme Oculus, acquises par Facebook (maintenant Meta), ont rapproché la réalité virtuelle de l'adoption grand public, rendant le concept de metaverse plus tangible.

Des exemples comme "Fortnite" et "Minecraft" illustrent l'évolution du metaverse d'environnements virtuels isolés vers des écosystèmes interconnectés. "Fortnite" est passé d'un jeu de bataille royale à un espace social où des concerts et des événements ont lieu, mettant en valeur le potentiel d'expériences partagées dans les domaines numériques. "Minecraft" a transcendé ses origines en tant que jeu bac à sable pour devenir une plate-forme de créativité, d'éducation et de construction collaborative à l'échelle mondiale. Ces instances ont souligné la transition d'espaces virtuels isolés vers un paysage metaverseal où convergent des expériences à multiples facettes.

La genèse du metaverse ne se limite pas au domaine du jeu ; il imprègne divers secteurs, dont la finance et l'art. L'essor de la technologie blockchain a conduit à la création d'environnements virtuels décentralisés, où la propriété et l'authenticité des actifs numériques pouvaient être vérifiées grâce à des jetons non fongibles (NFT). Les œuvres d'art, la musique et l'immobilier virtuel peuvent désormais être possédés et échangés au sein de ces espaces metaverseaux, transformant la nature de la propriété et de la propriété intellectuelle.

b. De la réalité virtuelle au metaverse

L'évolution de la réalité virtuelle (VR) vers le metaverse représente un changement transformateur dans la façon dont les humains interagissent avec les environnements numériques. La réalité virtuelle, caractérisée par des expériences immersives qui transportent les utilisateurs dans des mondes simulés numériquement, a jeté les bases du concept de metaverse, un univers numérique interconnecté et persistant transcendant les expériences isolées. Comprendre cette progression nécessite une exploration des avancées technologiques, des interactions des utilisateurs et de la vision globale qui ont façonné cette transition.

Les premières manifestations de la réalité virtuelle, y compris les simulateurs de vol et les jeux d'arcade, se concentraient sur la reproduction de scénarios spécifiques à des fins de formation ou de divertissement. Cependant, le véritable potentiel de la réalité virtuelle a commencé à se cristalliser avec le développement de composants matériels et logiciels plus sophistiqués. L'introduction des écrans montés sur la tête (HMD) et des systèmes de suivi de mouvement à la fin du 20e siècle a marqué un bond significatif, permettant aux utilisateurs de s'immerger dans des environnements générés par ordinateur. Des exemples tels que les machines d'arcade "Virtuality" et le VPL Research DataGlove illustrent l'évolution progressive des technologies VR.

Le concept de metaverse émerge à mesure que les technologies VR mûrissent, passant d'une focalisation sur des expériences solitaires à des écosystèmes numériques interconnectés. Alors que la réalité virtuelle offrait une immersion dans des contextes spécifiques, le metaverse élargissait la portée en envisageant un espace unifié où les utilisateurs pouvaient effectuer une transition transparente entre diverses expériences virtuelles. Le roman de 1992 de Neal Stephenson "Snow Crash" a introduit le terme "metaverse", décrivant une réalité virtuelle partagée habitée par des utilisateurs sous la forme d'avatars - une première conceptualisation de l'univers numérique interconnecté.

L'émergence des plateformes de réalité virtuelle sociale a été l'une des étapes décisives qui ont permis de combler le fossé entre la réalité virtuelle et le metaverse. Second Life, lancé en 2003, permettait aux utilisateurs de créer des avatars, d'interagir avec les autres et de participer à une économie générée par les utilisateurs. Ce premier exemple a démontré le potentiel des environnements numériques partagés et persistants qui brouillent les frontières entre l'existence virtuelle et physique. Le succès de Second Life a ouvert la voie à des plateformes sociales plus contemporaines, telles que Horizon Workrooms de Facebook et VRChat, qui s'efforcent d'offrir des expériences collaboratives au sein d'espaces virtuels.

Fondamentalement, le metaverse englobe plus que la simple réalité virtuelle ; il intègre la réalité augmentée (AR), la réalité mixte (MR) et diverses technologies émergentes. La réalité augmentée superpose le contenu numérique sur le monde physique, permettant aux utilisateurs d'interagir avec des objets virtuels en temps réel. Les applications HoloLens et AR mobiles de Microsoft illustrent la fusion des réalités numériques et physiques. De même, MR fusionne les éléments numériques et physiques de manière transparente, comme le montre la technologie informatique spatiale de Magic Leap.

c. Implications sociétales et changements anticipés

L'évolution rapide du metaverse présente une pléthore d'implications sociétales qui se répercutent sur les domaines culturels, économiques, éthiques et psychologiques. Alors que les individus s'immergent dans ce paysage numérique interconnecté, de profondes transformations sont anticipées dans la façon dont nous percevons la réalité, interagissons les uns avec les autres et interagissons avec la technologie. L'examen de ces implications et des changements anticipés nécessite une exploration des conséquences multiples de l'intégration metaverseale.

La dynamique culturelle est sur le point de subir un changement sismique alors que le metaverse redéfinit la façon dont les individus construisent des identités et des communautés. Les avatars, manifestations numériques de soi, permettent aux utilisateurs de gérer les apparences, les attributs et même le genre, défiant les notions conventionnelles d'identité. La fluidité des avatars ouvre la voie à de nouveaux modes d'expression de soi, permettant aux utilisateurs d'explorer les facettes de leur personnalité qui pourraient être contraintes dans des environnements physiques. Ce phénomène fait écho à la tendance plus large de la transformation numérique qui remodèle les normes et traditions culturelles.

Le paysage économique du metaverse subit un recalibrage radical. Les économies virtuelles, tirées par les crypto-monnaies et les NFT, émergent comme des espaces d'échanges financiers, d'investissement et d'entrepreneuriat. Les crypto-monnaies telles que Bitcoin et Ethereum facilitent les transactions sans frontières, tandis que les NFT offrent une propriété unique d'actifs numériques, allant de l'art numérique à l'immobilier virtuel. Cette refonte des paradigmes économiques a des implications pour les systèmes financiers traditionnels, les droits de propriété intellectuelle et la répartition des richesses.

Les considérations éthiques occupent une place importante dans le sillage du metaverse, notamment concernant les questions de confidentialité, de sécurité des données et de dépendance numérique. Les expériences immersives au sein du metaverse génèrent de grandes quantités de données personnelles, ce qui soulève des inquiétudes concernant la surveillance, l'exploitation des données et le consentement. Le brouillage des frontières entre la réalité et la simulation augmente également le risque de dépendance, les utilisateurs ayant potentiellement du mal à se désengager des mondes numériques englobants. La société doit faire face aux complexités éthiques inhérentes à la préservation de l'action humaine tout en naviguant sur ces terrains numériques inexplorés.

Les dynamiques interpersonnelles sont sujettes à transformation à mesure que le metaverse devient un conduit pour les interactions sociales virtuelles. Le concept de présence, aspect fondamental de la communication humaine, subit une redéfinition dans les domaines numériques. Communiquer par le biais d'avatars et d'environnements virtuels introduit une nouvelle couche de communication médiatisée, défiant les normes établies d'indices non verbaux et d'expression émotionnelle. Les relations virtuelles soulèvent des questions sur l'authenticité des émotions et des connexions formées dans les espaces numériques, ainsi que sur leur impact sur les relations dans le monde réel.

Le bien-être psychologique est une préoccupation primordiale, car une exposition prolongée au metaverse peut influencer la santé mentale. Les environnements virtuels qui privilégient la perfection et l'idéalisation peuvent potentiellement contribuer à des sentiments d'inadéquation et d'anxiété. De plus, le détachement de la réalité physique peut conduire à un phénomène connu sous le nom de "dépression virtuelle", où les individus ont du mal à réconcilier les expériences numériques avec le monde tangible. D'un autre côté, le metaverse offre des opportunités d'applications thérapeutiques, telles que la thérapie d'exposition ou le soutien à la santé mentale par le biais d'interactions virtuelles.

Les paradigmes éducatifs sont également en pleine métamorphose. Le metaverse ouvre les portes à l'apprentissage expérientiel, permettant aux étudiants de s'engager directement dans des événements historiques, des concepts scientifiques ou des pratiques culturelles. Les salles de classe virtuelles transcendent les limites géographiques, facilitant les interactions et les collaborations interculturelles. Cependant, l'intégration de ces technologies nécessite le développement de nouvelles stratégies pédagogiques pour exploiter le potentiel des expériences d'apprentissage immersives et interactives.

Chapitre 2 : Éléments constitutifs du metaverse

a. Mondes et environnements virtuels

Les mondes virtuels sont au cœur du metaverse, servant de canevas sur lequel se déroulent les expériences numériques. Ces environnements élaborés de manière complexe transcendent les limites de la réalité physique, offrant aux utilisateurs la possibilité d'explorer, d'interagir et de créer d'une manière auparavant inconcevable. Comprendre les complexités et les nuances des mondes virtuels est crucial pour comprendre le potentiel du metaverse à remodeler l'engagement humain avec les espaces numériques.

Les mondes virtuels couvrent un spectre de diversité, des paysages étendus aux simulations extrêmement détaillées. Ces environnements englobent à la fois des domaines fictifs et des représentations de lieux du monde réel. Un exemple notable est "Second Life", où les utilisateurs peuvent traverser des paysages fantastiques ou recréer de vraies villes avec une précision étonnante. De plus, les plates-formes de jeu comme "World of Warcraft" plongent les joueurs dans des mondes fantastiques, leur permettant de forger des récits personnels dans un vaste cosmos virtuel.

L'interactivité dans les mondes virtuels est une caractéristique déterminante. Les utilisateurs peuvent manipuler des objets, s'engager dans des interactions sociales et même modifier l'environnement lui-même. "Minecraft" incarne cet aspect, offrant aux joueurs la possibilité de construire, modifier et collaborer sur des structures au sein d'un univers basé sur des blocs. En revanche, les plateformes de réalité virtuelle sociale comme "Rec Room" permettent aux utilisateurs de s'engager dans des activités allant des matchs de paintball aux projets artistiques collaboratifs, mettant en valeur la polyvalence des interactions dans le monde virtuel.

Les mondes virtuels vont au-delà de la simple représentation visuelle. L'incorporation de la rétroaction haptique et de l'audio spatial améliore l'immersion, enrichissant l'expérience sensorielle. Par exemple, les plates-formes de réalité virtuelle comme "Sansar" utilisent l'audio spatial pour imiter des paysages sonores réalistes, où la direction et l'intensité des sons changent à mesure que les utilisateurs se déplacent dans l'environnement. Ces avancées convergent pour créer une rencontre plus holistique et immersive au sein des mondes virtuels.

La démocratisation de la création de contenu est une caractéristique des mondes virtuels. Le contenu généré par les utilisateurs permet aux individus de façonner les paysages qu'ils habitent, favorisant un sentiment d'appartenance et d'agence créative. La plate-forme "Roblox" en est un exemple, permettant aux utilisateurs de créer des jeux, des expériences et des environnements au sein d'un écosystème collaboratif. De plus, l'émergence d'outils tels que "Tilt Brush" et "Gravity Sketch" permet aux artistes de sculpter et de peindre dans des espaces VR, brouillant les frontières entre l'expression artistique traditionnelle et la création virtuelle.

Le potentiel des mondes virtuels s'étend au-delà du divertissement, trouvant des applications dans l'éducation, la formation et la thérapie. Des plateformes comme "AltspaceVR" hébergent des événements virtuels, des ateliers et des conférences, facilitant la participation mondiale sans contraintes géographiques. Les simulations médicales dans des environnements virtuels forment les professionnels de la santé dans des scénarios réalistes sans risques réels. De plus, les espaces de thérapie virtuelle offrent aux individus la possibilité d'affronter et de gérer des défis psychologiques dans un environnement contrôlé et favorable.

b. Avatars : représentations numériques de soi

Dans le metaverse, les avatars apparaissent comme les conduits par lesquels les utilisateurs établissent leur présence numérique et naviguent dans les royaumes virtuels. Ces entités numériques transcendent les limites de l'incarnation physique, permettant aux individus de projeter leurs identités, leurs aspirations et leurs interactions dans le cosmos numérique. L'étude des avatars met en lumière l'impact du metaverse sur la perception de soi, les interactions sociales et les frontières entre réalité et simulation.

Les avatars servent d'extensions de l'identité des utilisateurs, offrant des opportunités d'expression personnelle et d'expérimentation.

En adoptant des avatars, les individus peuvent transcender les contraintes de leurs apparences physiques et explorer une gamme de représentations. Par exemple, au sein de plates-formes comme "Second Life", les utilisateurs peuvent créer des avatars qui divergent de leurs attributs physiques, engendrant un sentiment de libération des normes sociétales et des limites personnelles.

La personnalisation des avatars englobe des dimensions esthétiques, comportementales, voire psychologiques. Les utilisateurs peuvent manipuler des fonctionnalités telles que l'apparence, les vêtements et les accessoires pour créer des personnages uniques. De plus, l'avènement des technologies basées sur l'IA permet aux avatars d'imiter les manières et les émotions des utilisateurs, favorisant un sentiment plus profond de connexion personnelle au sein de l'environnement numérique. Cette convergence de la personnalisation axée sur l'utilisateur et du réalisme axé sur l'IA nourrit le potentiel des avatars à incarner un éventail d'attributs humains.

Les avatars jouent un rôle central dans la formation des interactions sociales au sein du metaverse. Grâce aux avatars, les utilisateurs peuvent s'engager dans une communication synchrone ou asynchrone, transcendant les barrières géographiques et les fuseaux horaires. Les plateformes sociales en ligne comme "VRChat" ou "AltspaceVR" illustrent la capacité du metaverse à faciliter les relations interpersonnelles et à créer des expériences partagées. La fluidité des avatars permet aux utilisateurs de passer de manière transparente entre les contextes sociaux, favorisant diverses interactions au sein d'un environnement virtuel unique.

Le phénomène de "l'effet protée" souligne comment les avatars peuvent influencer le comportement des utilisateurs en fonction de leur représentation numérique choisie. Les recherches indiquent que les utilisateurs ont tendance à présenter des caractéristiques alignées sur l'apparence de leur avatar. Par exemple, les utilisateurs incarnant des avatars puissants ou attrayants peuvent démontrer un comportement plus confiant, montrant comment les attributs visuels et comportementaux des avatars influencent les actions du monde réel.

Des considérations éthiques surgissent lorsque les avatars plongent dans le domaine des deepfakes et de la manipulation d'identité. Le potentiel de fausses déclarations ou de tromperie soulève des questions sur le consentement éclairé, l'authenticité et la confiance numérique. Les cas d'acteurs malveillants manipulant des avatars pour diffuser des informations erronées ou adopter des comportements nuisibles accentuent le besoin de vigilance et de directives éthiques au sein du metaverse.

Alors que les avatars comblent de plus en plus le fossé entre le moi physique et le moi numérique, les implications psychologiques prennent le devant de la scène. La propension à former de véritables liens émotionnels avec les avatars - le « paradoxe du protée » - implique que les entités numériques pourraient devenir partie intégrante de l'identité personnelle. De plus, la capacité du metaverse à faciliter des expériences telles que des réunions virtuelles ou des connexions au-delà des contraintes physiques souligne le potentiel des avatars à augmenter les liens sociaux.

c. Blockchain et décentralisation dans le metaverse

Le metaverse est propulsé par une colonne vertébrale de la technologie blockchain et des systèmes décentralisés, révolutionnant la façon dont les interactions, les transactions et la propriété numériques sont menées dans des environnements virtuels. Les principes de registre distribué et de décentralisation de la blockchain promettent de démocratiser l'accès, d'améliorer la sécurité et de remodeler les modèles économiques, transformant le metaverse en un espace de confiance, d'autonomie et d'innovation. Comprendre l'interaction entre la blockchain et le metaverse est essentiel pour déchiffrer le potentiel de ce paysage numérique émergent.

La technologie Blockchain introduit un mécanisme de registre distribué qui enregistre les transactions de manière sécurisée, transparente et inviolable. Cette architecture permet aux utilisateurs du metaverse de conserver la propriété et l'authenticité des actifs numériques grâce à la vérification cryptographique. Les jetons non fongibles (NFT) sont une application par excellence de la blockchain dans le metaverse, permettant une propriété unique et vérifiable de l'art numérique, des objets de collection et même de l'immobilier virtuel. La création d'une rareté numérique grâce à la blockchain a ouvert de nouvelles possibilités économiques, inaugurant un changement de paradigme dans l'évaluation et le commerce des actifs numériques.

La décentralisation est la pierre angulaire de l'infrastructure du metaverse, permettant des interactions entre pairs et minimisant la dépendance vis-à-vis des autorités centralisées. Les modèles de centralisation traditionnels posent souvent des problèmes de vulnérabilité et de contrôle des données, tandis que la décentralisation favorise la résilience et l'autonomie. Des plates-formes telles que "Decentraland" adoptent une architecture décentralisée, permettant aux utilisateurs de posséder, de développer et de monétiser des parcelles de terrain virtuelles à l'aide de contrats intelligents basés sur la blockchain. Ces marchés immobiliers virtuels reflètent le potentiel du metaverse à redéfinir les droits de propriété à travers des cadres décentralisés.

Les contrats intelligents, activés par la blockchain, automatisent et appliquent les accords au sein du metaverse, favorisant la confiance entre les participants anonymes. Ces contrats auto-exécutables régissent les transactions et les interactions sans intermédiaires, éliminant les frictions et renforçant la sécurité. Dans les économies virtuelles, les contrats intelligents pourraient tout régir, des achats dans le jeu à la location immobilière virtuelle. Par exemple, "Axie Infinity" utilise des contrats intelligents soutenus par la blockchain pour gérer la propriété et l'élevage de créatures virtuelles, créant une économie complexe d'animaux de compagnie numériques.

La dépendance du metaverse à la blockchain introduit des défis d'évolutivité et d'interopérabilité. Les réseaux de blockchain actuels peuvent avoir du mal à répondre aux exigences des mondes virtuels immersifs avec des volumes de transactions élevés et des interactions en temps réel. Les efforts pour remédier à ces limitations incluent des solutions de mise à l'échelle de couche 2 et des protocoles d'interopérabilité de blockchain, tels que "Polygon" (anciennement Matic) et "Polkadot", respectivement. Ces initiatives visent à faciliter des interactions inter-chaînes transparentes et à alléger la pression sur les réseaux blockchain.

L'impact de la décentralisation sur les structures de gouvernance au sein du metaverse est également remarquable. Les organisations autonomes décentralisées (DAO) permettent une prise de décision et une gestion collectives des espaces virtuels grâce au vote et à la participation de la communauté. Les DAO sont un excellent exemple de la façon dont les principes de transparence et de décentralisation de la blockchain peuvent remodeler les modèles de gouvernance, favorisant un sentiment d'appropriation et d'agence parmi les utilisateurs du metaverse.

L'intégration de la blockchain et de la décentralisation dans le metaverse n'est pas sans défis. Les incertitudes réglementaires, les préoccupations environnementales liées à la consommation d'énergie et le besoin d'interfaces conviviales posent des obstacles importants. Cependant, la recherche et l'innovation en cours dans la technologie blockchain, associées à l'évolution des cadres de gouvernance, démontrent l'engagement du metaverse à résoudre ces problèmes tout en exploitant le potentiel de transformation des systèmes décentralisés.

Chapitre 3 : Économies numériques et transactions virtuelles

a. Les crypto-monnaies comme monnaie metaverseale

Les crypto-monnaies sont devenues une force de transformation au sein du metaverse, redéfinissant le concept de monnaie et de transactions économiques dans les environnements numériques. Alors que le metaverse prend de l'ampleur, les crypto-monnaies offrent un moyen d'échange sans frontières et décentralisé qui transcende les systèmes financiers traditionnels. Comprendre le rôle des crypto-monnaies en tant que monnaie metaverseale implique d'examiner leurs avantages, leurs défis et le potentiel de remodeler les paradigmes économiques dans ce domaine virtuel.

Les crypto-monnaies, illustrées par Bitcoin et Ethereum, incarnent les principes de décentralisation et de sécurité cryptographique. Ces actifs numériques fonctionnent sur la technologie blockchain, permettant des transactions transparentes et immuables sans intermédiaires. La dépendance du metaverse aux crypto-monnaies introduit la notion d'une monnaie unifiée et multiplateforme que les utilisateurs peuvent utiliser pour les transactions et les interactions dans les mondes virtuels. Ce concept est parallèle au rôle des monnaies du monde réel dans la facilitation du commerce mondial et des activités économiques.

La nature décentralisée du metaverse s'aligne harmonieusement sur les principes des crypto-monnaies. Les utilisateurs peuvent effectuer des transactions de manière transparente sans intermédiaires, favorisant une économie peer-to-peer qui reflète l'éthique d'autonomie et de collaboration du metaverse. "Decentraland", par exemple, intègre sa crypto-monnaie native, MANA, que les utilisateurs peuvent utiliser pour acheter des terrains virtuels, échanger des actifs numériques et participer à la gouvernance de la plate-forme via le jalonnement.

Les crypto-monnaies abordent également le problème des transactions transfrontalières, qui sont souvent entachées de frais élevés et de retards dans les systèmes financiers traditionnels. Au sein du metaverse, les utilisateurs de différentes zones géographiques peuvent effectuer des transactions avec un minimum de friction, nivelant les règles du jeu économiques et permettant des interactions véritablement mondiales. L'intégration des passerelles de paiement en crypto-monnaie dans les marchés virtuels tels que "OpenSea" rationalise le commerce transfrontalier en éliminant les obstacles à la conversion des devises.

La volatilité des valeurs de crypto-monnaie reste un défi important dans le metaverse. La fluctuation des prix peut entraîner des incertitudes dans la planification économique et entraver l'adoption de la crypto-monnaie comme moyen d'échange stable. Les pièces stables, rattachées à des actifs du monde réel comme la monnaie fiduciaire ou les matières premières, présentent une solution potentielle. Les Stablecoins assurent la stabilité des prix au sein du metaverse, facilitant les transactions quotidiennes sans le risque associé aux crypto-monnaies très volatiles comme le Bitcoin.

Le tissu économique du metaverse est étroitement tissé avec des opportunités pour les créateurs et les entrepreneurs de monétiser leurs actifs et expériences numériques. Les crypto-monnaies permettent aux créateurs de contenu de monétiser directement leur travail, en contournant les intermédiaires et les limitations de monétisation souvent présentes sur les plateformes traditionnelles. Les mondes virtuels comme « Somnium Space » intègrent des devises dans le jeu (jetons ERC-20) comme moyen d'échange et d'engagement, offrant un exemple frappant de la façon dont les crypto-monnaies autonomisent les créateurs.

Cependant, l'intégration des crypto-monnaies dans le metaverse introduit également des préoccupations concernant la sécurité, la réglementation et l'expérience utilisateur. Les cas de cybervol, de piratage et de stratagèmes frauduleux dans les échanges de crypto-monnaie soulignent la nécessité de mesures de sécurité robustes. Les défis réglementaires varient d'une juridiction à l'autre, ce qui a un impact potentiel sur la capacité du metaverse à fonctionner de manière transparente avec les crypto-monnaies. De plus, l'expérience utilisateur, y compris la gestion du portefeuille et les processus de transaction, doit être conviviale pour favoriser l'adoption généralisée de la crypto-monnaie au sein du metaverse.

b. NFT : actifs numériques uniques

Les jetons non fongibles (NFT) sont apparus comme une facette révolutionnaire du metaverse, révolutionnant le concept de propriété et de valeur dans le domaine numérique. Ces jetons, basés sur la technologie blockchain, permettent la création et l'échange d'actifs numériques uniques et indivisibles. Comprendre l'importance des NFT en tant qu'actifs numériques uniques implique d'approfondir leur technologie sous-jacente, leur impact sur diverses industries et leur potentiel de remodelage du paysage économique du metaverse.

Les NFT tirent leur caractère unique de la technologie de registre décentralisé de la blockchain. Chaque NFT est frappé comme un jeton distinct et traçable sur la blockchain, fournissant une propriété vérifiable du contenu numérique. Le metaverse exploite les NFT pour représenter une gamme variée d'actifs numériques, y compris l'art numérique, l'immobilier virtuel, les objets de collection, la musique et même les éléments de jeu. La rareté inhérente des NFT, en raison de leur indivisibilité et de leur provenance sécurisée par la blockchain, transforme les fichiers numériques en éléments singuliers ayant une valeur intrinsèque.

Les NFT ont catalysé un changement de paradigme dans le monde de l'art en permettant aux artistes numériques de monétiser leurs créations via un support sécurisé et transparent. Les artistes peuvent symboliser leurs œuvres d'art en tant que NFT, en les imprégnant de la provenance et de l'historique de propriété. La vente record des œuvres d'art de Beeple pour 69 millions de dollars a montré la capacité des NFT à transcender les marchés de l'art traditionnels, inaugurant une nouvelle ère de propriété et d'appréciation de l'art numérique.

Le metaverse étend le potentiel des NFT au-delà de l'art, englobant l'immobilier virtuel et les économies de jeux. Les mondes virtuels comme "Decentraland" attribuent la propriété de parcelles de terrain numériques via les NFT, permettant aux utilisateurs d'acheter, de vendre et de développer une propriété virtuelle. Les plates-formes de jeu comme "Axie Infinity" exploitent les NFT pour permettre aux joueurs de posséder, d'échanger et d'élever des créatures uniques dans le jeu, transformant des objets virtuels en actifs échangeables.

Les NFT introduisent de nouvelles possibilités pour les créateurs de contenu de s'engager avec leur public. En attachant des redevances aux NFT, les créateurs peuvent gagner des revenus continus chaque fois que leurs actifs numériques sont revendus sur des marchés secondaires. Ce concept de " redevances intelligentes " favorise des flux de revenus durables et favorise une relation plus équitable entre les créateurs et leurs fans.

Cependant, les NFT soulèvent également des inquiétudes, notamment en ce qui concerne l'impact environnemental et l'authenticité. Le mécanisme de preuve de travail énergivore utilisé par certaines chaînes de blocs pour créer des NFT a suscité des discussions sur la durabilité. Les places de marché et les collectionneurs de NFT recherchent de plus en plus des solutions qui minimisent leur empreinte carbone, notamment en migrant vers des réseaux de blockchain plus économes en énergie ou en utilisant des mécanismes de preuve de participation.

De plus, la vérification de l'authenticité et de la provenance des NFT est primordiale. Les cas de tokenisations non autorisées et de conflits de droits d'auteur soulignent la nécessité de mécanismes d'authentification robustes et de cadres de propriété intellectuelle au sein du metaverse. Des normes telles que ERC-721 et ERC-1155 visent à améliorer l'authenticité et l'interopérabilité NFT entre différentes plates-formes.

c. Commerce virtuel et dynamique de marché

Le commerce virtuel, facilité par le metaverse, introduit une approche transformatrice des transactions économiques et de la dynamique du marché dans les environnements numériques. La convergence des mondes virtuels, de la technologie blockchain et des NFT a donné naissance à un nouveau paysage économique où les utilisateurs s'engagent dans l'achat, la vente et l'échange d'actifs numériques. Pour comprendre l'importance du commerce virtuel et de sa dynamique de marché, il faut explorer ses mécanismes sous-jacents, ses implications économiques et le potentiel de remodelage des modèles commerciaux traditionnels.

Le commerce virtuel du metaverse est soutenu par l'intégration de places de marché numériques, qui servent de plaques tournantes permettant aux utilisateurs d'échanger divers actifs, notamment de l'art numérique, des terrains virtuels, des objets de collection, etc. Ces places de marché tirent parti de la technologie blockchain pour établir des enregistrements de transactions sécurisés, transparents et infalsifiables. Par exemple, des plates-formes comme "OpenSea" fournissent un marché décentralisé où les utilisateurs peuvent découvrir, acheter et vendre des NFT dans un large éventail de catégories.

L'une des caractéristiques déterminantes du commerce virtuel est la démocratisation de la participation. Les barrières traditionnelles à l'entrée, telles que les limitations géographiques, sont supprimées, permettant à un public mondial de s'engager dans des activités économiques sans contraintes. Un utilisateur dans un coin du monde peut acheter une propriété virtuelle dans un domaine metaverseal différent, favorisant un écosystème économique sans frontières. Cette fluidité de la participation incarne le potentiel du metaverse à redéfinir la dynamique du marché.

Les NFT, en tant qu'actifs numériques uniques, injectent une couche de rareté et de valeur dans le commerce virtuel. La création, la tokenisation et le commerce ultérieur des NFT introduisent un sentiment de propriété et de rareté dans les actifs numériques qui étaient autrefois perçus comme reproductibles à l'infini. La dynamique de l'offre et de la demande se croise avec le caractère unique des NFT, influençant leur valeur perçue. L'adoption par le metaverse des NFT en tant qu'actifs négociables redéfinit la façon dont la valeur est attribuée aux créations numériques, conduisant à de nouveaux paradigmes économiques.

L'impact du commerce virtuel s'étend au-delà des créateurs de contenu et des artistes pour englober les entrepreneurs, les investisseurs et les entreprises traditionnelles. Les marques commencent à reconnaître le potentiel du commerce virtuel dans la création d'expériences de marque au sein d'espaces virtuels. Les détaillants peuvent établir des vitrines virtuelles, semblables à la "Semaine de la mode de luxe" dans "Decentraland", où les utilisateurs peuvent interagir avec des produits et des marques dans des environnements immersifs. Cette intégration du commerce dans le metaverse brouille la frontière entre la vente au détail physique et numérique.

Cependant, la dynamique du marché au sein du metaverse pose également des défis. Alors que le commerce virtuel prolifère, les questions d'authenticité, de sécurité et d'expérience utilisateur passent au premier plan. Garantir la légitimité des actifs et protéger les transactions contre la fraude ou la manipulation nécessite des mécanismes d'authentification robustes et une vérification transparente de la blockchain. De plus, l'amélioration de l'expérience utilisateur sur les marchés virtuels exige des interfaces intuitives, des passerelles de paiement transparentes et des mécanismes pour lutter contre la congestion potentielle lors d'événements ou de ventes à fort trafic.

Chapitre 4 : Interactions sociales metaverses

a. Socialiser à travers les réalités numériques

Le metaverse introduit une nouvelle ère d'interactions sociales, transcendant les contraintes de l'espace physique et connectant les individus à travers diverses réalités numériques. Cette transformation a des implications profondes pour les relations humaines, les échanges culturels et la nature même de la socialisation elle-même. Pour comprendre l'importance de la socialisation à travers les réalités numériques, il faut explorer les nuances des communautés virtuelles, les expériences partagées et l'impact potentiel sur les normes sociétales.

Les communautés virtuelles au sein du metaverse deviennent des centres d'interaction, permettant aux individus du monde entier de se connecter, de collaborer et de partager des expériences. Ces communautés transcendent les limites géographiques, favorisant des interactions et des relations interculturelles qui n'auraient peut-être pas été possibles autrement. Des plates-formes comme "VRChat" et "Rec Room" offrent aux utilisateurs la possibilité de s'engager avec des avatars, permettant des interactions sociales dans des espaces virtuels qui reproduisent des paramètres du monde réel ou des royaumes fantastiques.

Les expériences partagées au sein du metaverse remodèlent la nature des relations et des interactions. Des événements allant des concerts aux conférences peuvent être suivis par des utilisateurs de n'importe où, permettant à un public mondial de participer collectivement à des activités partagées. Par exemple, "Roblox" a accueilli un concert virtuel de Lil Nas X qui a attiré des millions d'utilisateurs, soulignant à quel point les réalités numériques brouillent les frontières entre la participation physique et virtuelle. Ces expériences partagées engendrent un sentiment d'unité, transcendant les limites spatiales.

Les interactions sociales au sein des réalités numériques nécessitent l'évolution des normes de communication. Alors que les avatars remplacent la présence physique, les signaux non verbaux et les expressions faciales prennent de nouvelles formes, conduisant potentiellement au développement d'étiquettes de communication numérique distinctes. L'anonymat offert par les avatars soulève également des questions sur l'authenticité, la confiance et la responsabilité dans les interactions virtuelles. Le potentiel du metaverse à redéfinir les normes sociales et les conventions de communication est à la fois passionnant et stimulant.

Les expériences de réalité virtuelle (VR) et de réalité augmentée (AR) amplifient la nature immersive des interactions sociales au sein des réalités numériques. Les casques VR créent un sentiment de "présence", permettant aux utilisateurs d'interagir avec des avatars et des environnements virtuels comme s'ils étaient physiquement présents. La réalité augmentée superpose le contenu numérique au monde physique, permettant aux utilisateurs d'interagir simultanément avec le virtuel et le réel. Les applications de réalité virtuelle sociale telles que "Facebook Horizon" et "AltspaceVR" illustrent le potentiel du metaverse pour faciliter les interactions naturelles en temps réel.

Cependant, la socialisation à travers les réalités numériques soulève des considérations éthiques. Les relations virtuelles, tout en facilitant la connectivité, peuvent également avoir un impact sur les relations dans le monde réel et conduire à un détachement des cercles sociaux physiques. Équilibrer les avantages d'horizons sociaux élargis avec la nécessité de favoriser les connexions en personne reste un défi. De plus, les questions de confidentialité, de sécurité des données et de bien-être numérique sont primordiales alors que les utilisateurs naviguent dans la complexité des interactions sociales en ligne.

b. Identité et relations dans le metaverse

Le metaverse défie les notions conventionnelles d'identité et de relations en offrant aux individus un canevas pour sculpter et naviguer dans leurs personnages numériques au sein de réalités virtuelles interconnectées. Cette transformation redéfinit non seulement la perception de soi, mais remodèle également la dynamique des liens sociaux et des relations interpersonnelles. Pour saisir l'importance de l'identité et des relations dans le metaverse, il faut se plonger dans les aspects multiformes de la personnalisation de l'avatar, de l'expression de soi et du paysage évolutif des interactions numériques.

La personnalisation de l'avatar est au cœur de la formation de l'identité au sein du metaverse. Les utilisateurs peuvent transcender les attributs physiques et personnaliser les avatars pour représenter un éventail d'identités, qu'ils s'alignent sur les caractéristiques du monde réel ou s'aventurent dans des royaumes fantastiques. La capacité d'incarner différents genres, apparences et personnalités favorise un sentiment de libération, offrant une voie à la découverte de soi et à l'exploration. Des plates-formes telles que « Les Sims » et « Second Life » permettent aux utilisateurs de naviguer dans divers avatars, encapsulant la capacité du metaverse à brouiller les frontières entre la réalité et l'expression numérique.

Le metaverse fonctionne comme un terrain fertile pour l'expression de soi, permettant aux individus de projeter des facettes de leur personnalité et de leurs aspirations qui pourraient être étouffées dans des environnements physiques. Grâce aux avatars, les utilisateurs peuvent transcender les normes sociétales, s'engager dans une expression créative et expérimenter différentes personnalités. Ce phénomène fait écho aux tendances plus larges de la transformation numérique qui remodèlent les normes culturelles et favorisent un environnement où l'authenticité et l'agence créative prospèrent.

L'identité dans le metaverse s'étend au-delà de la représentation visuelle. Les avatars sont des conduits pour la convergence des technologies de réalité augmentée (AR) et de réalité virtuelle (VR). La réalité augmentée superpose le contenu numérique au monde physique, tandis que la réalité virtuelle plonge les utilisateurs dans des environnements numériques. L'intégration de ces technologies dans le metaverse enrichit l'identité de dimensions spatiales et multisensorielles. Par exemple, la réalité augmentée permet aux utilisateurs d'interagir avec des objets numériques dans le monde physique, tandis que la réalité virtuelle crée un sentiment de "présence" dans des paysages entièrement numériques.

L'impact du metaverse sur les relations est profond, car les avatars redéfinissent la façon dont les individus se connectent, interagissent et forgent des liens au sein des réalités virtuelles. Les interactions virtuelles portent des nuances uniques, compte tenu du détachement de la présence physique. Les avatars deviennent des vecteurs d'expression émotionnelle, engendrant des liens qui transcendent les limites géographiques. Des plates-formes telles que "VRChat" et "AltspaceVR" facilitent les interactions interculturelles en temps réel, permettant aux utilisateurs de créer des liens qui traversent les frontières sociales conventionnelles.

Cependant, l'influence du metaverse sur les relations n'est pas sans défis. La désincarnation des interactions via les avatars soulève des questions sur l'authenticité des émotions et des connexions forgées dans les espaces virtuels. "L'effet de désinhibition en ligne" peut conduire à des comportements qui s'écartent de la conduite dans le monde réel en raison de l'anonymat perçu. Cela présente un dilemme éthique, car les utilisateurs sont aux prises avec la fine ligne entre les connexions authentiques et le jeu de rôle.

De plus, l'impact du metaverse sur les relations dans le monde réel doit être pris en considération. L'intégration des connexions numériques aux interactions physiques peut conduire à des expériences enrichissantes, mais aussi soulever des inquiétudes quant au détachement des cercles sociaux physiques et à l'érosion potentielle des connexions en personne. Trouver l'équilibre entre l'élargissement des horizons sociaux au sein du metaverse et le maintien des relations fondamentales reste un défi sociétal.

c. Éthique et étiquette dans les espaces sociaux numériques

Le metaverse introduit une interaction complexe de considérations éthiques et de normes sociales alors que les individus s'engagent dans des espaces sociaux numériques qui transcendent les frontières physiques. Alors que les avatars, les communautés virtuelles et les expériences partagées deviennent partie intégrante des interactions au sein du metaverse, des questions sur la conduite appropriée, la confidentialité et la responsabilité se posent. Comprendre les nuances de l'éthique et de l'étiquette dans ces domaines numériques est essentiel pour favoriser des interactions respectueuses et harmonieuses tout en naviguant dans ce paysage en évolution.

L'éthique dans les espaces sociaux numériques englobe un large éventail de préoccupations, allant des questions de consentement et de confidentialité à l'authenticité et à l'identité. La dépendance du metaverse aux avatars et aux interactions virtuelles brouille les frontières entre les interactions du monde réel et le jeu de rôle numérique. Bien que l'anonymat puisse favoriser l'expression de soi, il soulève également des inquiétudes quant à la responsabilité d'un comportement qui peut s'écarter des normes socialement acceptées. Des plateformes comme "VRChat" ont rencontré des cas d'utilisateurs adoptant des comportements offensants ou perturbateurs, soulignant la nécessité de directives éthiques pour garantir des interactions numériques respectueuses.

Le consentement et la confidentialité revêtent une importance primordiale dans le metaverse. Les utilisateurs partagent souvent des informations personnelles au sein de communautés virtuelles, de la modulation de la voix aux anecdotes personnelles. Les plateformes doivent établir des politiques et des mécanismes de données transparents pour obtenir le consentement des utilisateurs pour la collecte et le partage de données. Le potentiel du metaverse pour surveiller les comportements et les interactions des utilisateurs dans les espaces numériques ajoute une couche éthique, soulignant l'importance de trouver un équilibre entre l'expérience utilisateur et la confidentialité des données.

L'environnement unique du metaverse exige l'évolution de l'étiquette numérique pour s'adapter aux subtilités des interactions virtuelles. Les signaux non verbaux traditionnels peuvent différer lorsqu'ils sont transmis par des avatars, ce qui conduit à l'émergence de nouvelles normes de communication. Le potentiel du metaverse à transcender les contraintes physiques nécessite également de prendre en compte les fuseaux horaires, les contextes culturels et les expériences partagées qui peuvent différer entre les participants. L'étiquette numérique éthique exige que les individus respectent ces nuances et adaptent leur comportement en conséquence.

Les communautés virtuelles au sein du metaverse développent souvent leur propre ensemble de normes et de codes de conduite. Des plateformes comme "Rec Room" établissent des lignes directrices pour promouvoir un comportement respectueux et prévenir le harcèlement dans les espaces virtuels. Ces lignes directrices de la communauté virtuelle soulignent le potentiel du metaverse à favoriser des environnements qui privilégient l'empathie et la collaboration, reflétant les aspirations éthiques du monde réel.

Le metaverse recoupe également des préoccupations éthiques du monde réel, telles que la dépendance numérique et la santé mentale. Un engagement prolongé dans des environnements numériques immersifs peut entraîner un sentiment de détachement de la réalité, connu sous le nom de « dissociation », ou déclencher des problèmes psychologiques comme la « dépression virtuelle ». Assurer l'utilisation responsable du metaverse implique d'être conscient de ces risques et d'équilibrer l'engagement numérique avec des interactions saines dans le monde réel.

Chapitre 5 : Divertissement et médias metaverses

a. Narration et récits immersifs

Le metaverse inaugure une nouvelle ère de narration en tirant parti des technologies immersives pour créer des récits qui transcendent les frontières traditionnelles des médias et de l'engagement du public. La narration immersive plonge les participants dans le tissu narratif, leur permettant de participer activement et d'influencer le déroulement des histoires. Comprendre les implications de la narration immersive implique d'explorer ses fondements technologiques, son potentiel de transformation dans tous les secteurs et la dynamique évolutive de l'engagement du public.

La narration immersive s'appuie sur des technologies telles que la réalité virtuelle (VR) et la réalité augmentée (AR) pour transporter le public dans des mondes narratifs qui existent au-delà des contraintes de l'espace physique. La réalité virtuelle crée des environnements entièrement numériques qui enveloppent les utilisateurs, tandis que la réalité augmentée superpose le contenu numérique au monde réel. Ces technologies permettent au public de faire partie intégrante du récit, lui permettant d'explorer des environnements, d'interagir avec des personnages et de façonner l'intrigue. Par exemple, des expériences VR comme "Moss" et des applications AR comme "Pokémon GO" intègrent des éléments narratifs au gameplay, offrant un aperçu de la capacité du metaverse à immerger les utilisateurs dans des histoires captivantes.

Cette transformation de la narration s'étend à diverses formes de médias, de la littérature traditionnelle aux expériences interactives. Les documentaires VR, par exemple, transportent les téléspectateurs dans des endroits éloignés, leur permettant d'assister à des événements comme s'ils étaient présents. Les récits interactifs, tels que les jeux vidéo comme "The Witcher 3 : Wild Hunt", permettent aux joueurs de faire des choix qui ont un impact sur le scénario, permettant des récits personnalisés et ramifiés. La convergence du metaverse de la narration immersive et de l'engagement interactif redéfinit la façon dont le public expérimente et co-crée des récits.

Les industries au-delà du divertissement exploitent également la puissance de la narration immersive pour communiquer des concepts complexes et engager le public. Dans le domaine de l'éducation, les expériences de réalité virtuelle permettent aux élèves d'explorer des événements historiques ou des concepts scientifiques, favorisant ainsi l'apprentissage par l'expérience. Les entreprises utilisent la réalité augmentée pour améliorer les campagnes marketing en offrant des expériences de produits interactives. Par exemple, l'application AR d'IKEA permet aux clients de visualiser les meubles dans leurs espaces physiques avant de faire un achat. Ces exemples soulignent le potentiel du metaverse à révolutionner l'éducation, le marketing et divers secteurs grâce à des expériences narratives immersives.

L'évolution de la narration immersive soulève des considérations éthiques, notamment en ce qui concerne le consentement et l'impact émotionnel. Les récits immersifs ont le potentiel d'évoquer des réactions émotionnelles intenses, et les créateurs doivent tenir compte du potentiel de déclenchement d'inconfort ou de détresse. De plus, les récits immersifs ont le pouvoir d'influencer les perceptions et les visions du monde des utilisateurs. Des questions éthiques sur la responsabilité des créateurs dans l'élaboration de récits qui s'alignent sur les valeurs sociétales et la promotion de perspectives diverses émergent.

La dynamique d'engagement du public se transforme avec la narration immersive, les participants devenant des co-créateurs actifs plutôt que des observateurs passifs. Les récits interactifs du metaverse exigent l'engagement, l'agence et la pensée critique des utilisateurs. Ces récits encouragent le public à explorer diverses voies, à faire des choix et à en subir les conséquences, favorisant ainsi un sentiment d'appropriation du scénario. Ce changement d'engagement peut remodeler la façon dont le public interagit avec le contenu, conduisant à des liens plus profonds et à une implication émotionnelle plus profonde.

Cependant, des défis existent dans la création et la distribution de récits immersifs. Le développement d'expériences VR et AR de haute qualité exige une expertise technique, un investissement financier et une vision créative.

De plus, assurer la compatibilité entre différentes plates-formes matérielles et logicielles présente un obstacle technologique. L'évolution du metaverse repose sur le dépassement de ces barrières pour fournir des expériences immersives transparentes, accessibles et engageantes.

b. Évolution du jeu : au-delà des royaumes et des écrans

Le metaverse a annoncé une nouvelle phase dans l'évolution du jeu qui transcende les notions traditionnelles de gameplay, d'interactivité et d'expériences immersives. Alors que les réalités numériques se mêlent à l'environnement physique, le jeu évolue dans un domaine multidimensionnel qui s'étend au-delà des écrans, encourageant les joueurs à participer, créer et collaborer de manière sans précédent. Pour saisir l'importance de cette évolution du jeu, il faut se plonger dans l'intégration de la réalité augmentée (AR), de la réalité virtuelle (VR) et de l'émergence d'écosystèmes axés sur les joueurs.

La réalité augmentée redéfinit le jeu en superposant des éléments numériques sur le monde physique, mélangeant harmonieusement réalité et virtualité. Des jeux comme "Pokémon GO" illustrent le pouvoir de transformation de la RA, alors que les joueurs explorent leur environnement pour capturer des créatures virtuelles. Les jeux AR capitalisent sur les lieux du monde réel et les interactions physiques pour créer des expériences uniques qui fusionnent les domaines virtuel et physique. Cette intégration déplace l'attention du gameplay lié à l'écran vers les interactions dynamiques au sein de son environnement.

Le jeu en réalité virtuelle plonge les joueurs dans des univers entièrement numériques, offrant un profond sentiment de présence et d'immersion. L'adoption de la technologie VR par le metaverse remodèle la façon dont les joueurs interagissent avec les récits, les environnements et les uns avec les autres. Des jeux comme "Half-Life : Alyx" transportent les joueurs dans des environnements virtuels richement détaillés, leur permettant de manipuler des objets, de résoudre des énigmes et d'interagir avec des personnages d'une manière qui transcende le gameplay traditionnel basé sur une manette.

L'évolution du jeu s'étend à la création d'écosystèmes axés sur les joueurs où les utilisateurs contribuent aux mondes, aux économies et aux récits du jeu. "Minecraft" est un excellent exemple d'environnement de bac à sable où les joueurs construisent et façonnent en collaboration des paysages virtuels. Cette évolution favorise le passage de consommateurs passifs à des co-créateurs actifs, brouillant la frontière entre joueurs et développeurs. Les économies virtuelles dans des jeux comme "EVE Online" reflètent même les systèmes économiques du monde réel, permettant aux joueurs de s'engager dans le commerce, la production et la gestion des ressources.

L'évolution du jeu dans le metaverse soulève des préoccupations éthiques liées à la confidentialité, au consentement et à la sécurité. Les jeux AR qui encouragent les joueurs à explorer des lieux du monde réel pourraient porter atteinte à la vie privée des individus ou créer des risques pour la sécurité. Trouver un équilibre entre un gameplay engageant et le respect des limites personnelles devient primordial. De plus, la nature immersive des jeux en réalité virtuelle exige une attention particulière aux impacts psychologiques négatifs potentiels, tels que le « mal de la réalité virtuelle » ou le détachement de la réalité.

L'intégration de lieux du monde réel dans les expériences de jeu remodèle les interactions sociales et l'engagement communautaire. Les jeux AR qui encouragent les joueurs à se rassembler sur des sites spécifiques, connus sous le nom de "jeu basé sur la localisation", favorisent les connexions dans le monde réel entre les joueurs qui partagent des intérêts communs. Cependant, ces interactions peuvent également soulever des inquiétudes quant à la monopolisation ou à la perturbation des espaces publics en raison d'activités liées aux jeux.

Alors que le jeu devient plus immersif et étroitement lié à la vie quotidienne, les notions de dépendance et d'engagement sain sont au premier plan. La nature immersive des expériences AR et VR peut conduire à un engagement prolongé, affectant potentiellement la capacité des individus à gérer leur temps d'écran et leurs responsabilités dans le monde réel. Trouver un équilibre entre un gameplay immersif et le maintien d'un style de vie équilibré devient une considération éthique dans ce paysage de jeu en évolution.

c. L'avenir des films et de la musique dans les espaces virtuels

Le metaverse marque un tournant dans l'évolution du divertissement, en particulier dans les domaines du cinéma et de la musique, car il redéfinit la façon dont le public interagit avec le contenu, les récits et les expériences artistiques. Cette transformation émerge de la convergence de la réalité virtuelle (VR), de la réalité augmentée (AR) et des technologies interactives qui permettent aux créateurs de créer des expériences cinématographiques et musicales immersives et participatives. Pour saisir les implications de l'avenir des films et de la musique dans les espaces virtuels, il faut se plonger dans l'intégration de ces technologies, de nouvelles formes narratives et le potentiel de remodeler l'engagement du public.

Les technologies de réalité virtuelle et de réalité augmentée constituent la base des expériences cinématographiques immersives du futur. Dans le cinéma VR, les spectateurs ne sont pas simplement des spectateurs mais des participants au récit, entourés par les événements qui se déroulent autour d'eux. Les films VR, tels que "Dear Angelica", exploitent la technologie pour créer des récits émotionnellement résonnants qui enveloppent les téléspectateurs dans le paysage émotionnel de l'histoire. La réalité augmentée prolonge les expériences cinématographiques dans le monde physique, permettant aux créateurs de superposer des éléments numériques sur des environnements réels. La narration basée sur la RA, illustrée par l'application de RA "The Machines", permet aux téléspectateurs d'explorer des récits dans leur environnement immédiat.

La narration interactive brouille les frontières entre les films et les jeux vidéo, offrant au public une agence pour façonner les résultats narratifs. Les films interactifs, comme "Bandersnatch" de Netflix, permettent aux téléspectateurs de prendre des décisions qui orientent la progression du scénario. Les capacités interactives du metaverse permettent des récits plus complexes qui s'adaptent aux choix de l'utilisateur, conduisant à plusieurs branches d'histoire et à diverses expériences narratives.

La convergence des films et de la musique au sein d'espaces virtuels conduit à de nouvelles expériences qui mélangent des stimuli visuels et auditifs. Des concerts virtuels, tels que l'événement "Travis Scott's Astronomical" dans "Fortnite", illustrent comment les artistes peuvent transcender les limites physiques pour se produire dans des environnements fantastiques. Ces événements mettent en valeur la capacité du metaverse à accueillir des performances musicales expansives et immersives qui trouvent un écho auprès d'un public mondial.

Cependant, cette transformation soulève des considérations éthiques. La nature immersive des espaces virtuels oblige les créateurs à tenir compte de l'impact psychologique et émotionnel potentiel sur les utilisateurs. La conception des environnements et des expériences virtuelles doit être soucieuse du bien-être des utilisateurs, en veillant à ce que les émotions intenses évoquées par la narration immersive n'entraînent pas d'effets psychologiques négatifs.

Alors que le metaverse offre des possibilités sans précédent, s'assurer que ces expériences sont accessibles à divers publics, y compris les personnes handicapées, nécessite de relever les défis liés à la compatibilité matérielle, à la conception de l'interface et à l'adaptation du contenu.

L'impact de cette évolution s'étend aux cinémas traditionnels et aux salles de concert. Alors que le public s'engage de plus en plus dans des expériences virtuelles immersives, les lieux physiques pourraient évoluer pour offrir des interactions améliorées ou des expériences hybrides qui mélangent la présence physique avec des éléments virtuels. L'avenir des films et de la musique peut réinventer le concept même d'espaces de performance, en embrassant le potentiel du metaverse à transcender les contraintes physiques.

Chapitre 6 : Éducation et apprentissage dans le metaverse

a. Classes virtuelles et transfert de connaissances

Le metaverse annonce une nouvelle ère de l'éducation en réinventant les salles de classe traditionnelles et la diffusion des connaissances grâce à l'intégration des technologies de réalité virtuelle (VR) et de réalité augmentée (AR). Les salles de classe virtuelles tirent parti des capacités du metaverse pour transcender les limites géographiques, favoriser des expériences d'apprentissage interactives et créer des approches pédagogiques innovantes. Pour comprendre les implications des classes virtuelles et du transfert de connaissances, il faut se plonger dans les fondements technologiques, le potentiel de transformation et les défis qui émergent dans ce paysage éducatif en évolution.

Les salles de classe virtuelles exploitent les technologies VR et AR pour créer des environnements d'apprentissage immersifs et interactifs. L'éducation basée sur la réalité virtuelle place les étudiants dans des espaces construits numériquement, leur permettant de s'engager avec des objets en trois dimensions, d'interagir avec le contenu et de collaborer avec leurs pairs comme s'ils étaient physiquement présents. Par exemple, des plateformes comme "Engage" facilitent des conférences, des séminaires et des ateliers en temps réel dans des environnements virtuels. La RA complète l'environnement physique en superposant des informations numériques au monde réel, améliorant ainsi les interactions des apprenants avec leur environnement et leur contenu. Des applications comme "Wonderscope" tirent parti de la RA pour créer des expériences de narration interactives qui allient éducation et divertissement.

Les salles de classe virtuelles du metaverse transcendent les barrières géographiques, permettant aux étudiants du monde entier d'accéder à une éducation de qualité sans se déplacer. Cette transformation démocratise les opportunités éducatives, rendant les cours, les instructeurs et les ressources accessibles aux apprenants qui étaient autrefois limités par la distance. De plus, les salles de classe virtuelles offrent un environnement d'apprentissage flexible, s'adaptant à divers horaires et permettant aux étudiants de participer à leur convenance. Ces caractéristiques redéfinissent l'accessibilité de l'éducation, comblent les lacunes et favorisent une communauté mondiale d'apprenants.

L'interactivité est la pierre angulaire des classes virtuelles, favorisant des expériences d'apprentissage engageantes et participatives. Les technologies VR et AR permettent aux éducateurs de concevoir des activités qui encouragent l'exploration, la collaboration et la résolution de problèmes. Par exemple, les étudiants en médecine peuvent pratiquer des procédures chirurgicales dans des simulations VR, et les étudiants en histoire peuvent participer à des événements historiques grâce à des reconstitutions interactives. Ces expériences non seulement approfondissent la compréhension, mais répondent également à divers styles d'apprentissage, améliorant la rétention et la pensée critique.

Cependant, l'intégration des classes virtuelles présente des défis. Garantir un accès équitable aux technologies VR et AR, ainsi que des connexions Internet stables, reste une préoccupation, en particulier dans les régions aux ressources limitées. De plus, l'absence de présence physique pourrait avoir un impact sur les signaux non verbaux et la dynamique sociale dans les salles de classe virtuelles. Les éducateurs doivent adapter les stratégies pédagogiques pour assurer le bien-être émotionnel des élèves et une communication efficace dans ce contexte numérique.

Les méthodes d'évaluation dans les classes virtuelles méritent également d'être prises en considération. Les examens traditionnels devront peut-être évoluer pour s'adapter à la nature dynamique et interactive des expériences d'apprentissage en réalité virtuelle et en réalité augmentée. De plus, les problèmes liés à la confidentialité des étudiants, à la sécurité des données et à l'utilisation éthique de la technologie doivent être résolus, en veillant à ce que les données et les informations personnelles des apprenants soient protégées.

b. Développement des compétences par des simulations

Le metaverse introduit un changement de paradigme dans le développement des compétences grâce à l'intégration de simulations immersives, tirant parti de technologies telles que la réalité virtuelle (VR) et la réalité augmentée (AR). Les simulations ont longtemps été utilisées comme outils pédagogiques, mais le metaverse améliore leur efficacité en offrant un apprentissage expérientiel qui transcende les frontières traditionnelles. Pour comprendre le potentiel de transformation du développement des compétences par le biais de simulations, il faut explorer les fondements technologiques, l'étendue des industries touchées et les défis qui accompagnent cette évolution.

Les simulations immersives utilisent les technologies VR et AR pour créer des environnements réalistes qui permettent aux apprenants de s'engager dans des expériences pratiques. Les simulations VR plongent les utilisateurs dans des scénarios construits numériquement, reproduisant des paramètres du monde réel pour faciliter l'apprentissage par l'expérience. Par exemple, les étudiants en médecine peuvent pratiquer des procédures chirurgicales dans des simulations VR qui imitent les salles d'opération. AR, d'autre part, superpose le contenu numérique sur le monde physique, permettant aux utilisateurs d'interagir avec des éléments virtuels dans leur environnement immédiat. Les deux technologies permettent aux apprenants de s'engager dans des scénarios réalistes qui reproduisent les défis rencontrés dans leurs domaines respectifs.

Les simulations du metaverse s'adressent à un large éventail d'industries, des soins de santé et de l'ingénierie à l'aviation et au divertissement. Les simulations VR et AR sont utilisées pour former les pilotes aux simulations de vol, leur permettant de pratiquer les manœuvres et les procédures d'urgence dans un environnement contrôlé. Dans l'industrie du divertissement, la réalité virtuelle permet aux acteurs en herbe de répéter et de se produire dans des environnements numériques, en perfectionnant leurs compétences avant les performances en direct. Ces simulations permettent aux apprenants d'affiner leur expertise grâce à une pratique itérative, sans les contraintes et les risques associés aux scénarios du monde réel.

Les simulations du metaverse offrent des avantages par rapport aux méthodes traditionnelles de développement des compétences. Les apprenants peuvent faire des erreurs et apprendre des échecs dans des environnements contrôlés, favorisant ainsi l'apprentissage expérientiel. De plus, les simulations s'adaptent à divers styles d'apprentissage, s'adressant aux apprenants visuels, auditifs et kinesthésiques. La nature immersive des simulations améliore l'engagement, ce qui améliore la rétention et l'application des connaissances.

Cependant, des défis existent dans l'intégration des simulations dans le metaverse. Le développement de simulations de haute qualité nécessite des ressources importantes, notamment une expertise en technologie, en création de contenu et en conception pédagogique. L'accessibilité des technologies VR et AR aux apprenants de différents milieux socio-économiques est également une préoccupation, créant potentiellement des disparités dans l'accès à des opportunités de développement de compétences de qualité.

L'évaluation dans le cadre de simulations est une autre considération. Les formes traditionnelles d'évaluation pourraient devoir évoluer pour s'aligner sur la nature dynamique et expérientielle des simulations. De plus, l'utilisation éthique des simulations est primordiale. S'assurer que les apprenants sont prêts à faire passer leurs compétences des environnements virtuels aux contextes du monde réel est crucial pour un développement des compétences éthique et efficace.

Chapitre 7 : Sécurité et confidentialité dans le metaverse

a. Cryptage et protection des données dans les mondes numériques

L'émergence du metaverse a mis au premier plan l'importance cruciale du chiffrement et de la protection des données dans un paysage numérique interconnecté. Alors que les individus traversent des royaumes virtuels, interagissent avec des avatars et s'engagent dans des transactions, la protection des informations personnelles et sensibles devient primordiale. Comprendre les complexités du chiffrement et de la protection des données dans le metaverse implique d'explorer les mécanismes technologiques, l'importance de la confidentialité des utilisateurs et les défis associés au maintien de la sécurité dans ces environnements numériques immersifs.

Le chiffrement sert de technologie fondamentale pour sécuriser les données dans le metaverse. Cela implique de coder les informations d'une manière que seules les parties autorisées peuvent déchiffrer, garantissant la confidentialité et empêchant tout accès non autorisé. Le chiffrement de bout en bout, par exemple, garantit que seuls les destinataires prévus peuvent déchiffrer et accéder aux données transmises. Les applications de messagerie telles que "Signal" et "WhatsApp" utilisent un cryptage de bout en bout pour protéger les communications des utilisateurs, préserver la confidentialité et contrecarrer les écoutes clandestines potentielles.

L'intégration de la réalité virtuelle (VR) et de la réalité augmentée (AR) dans le metaverse amplifie le besoin de chiffrement. Alors que les utilisateurs s'immergent dans les réalités numériques, le potentiel de surveillance non autorisée ou d'interception de données devient une préoccupation. Assurer la sécurité des mouvements, des interactions et des transactions des utilisateurs au sein de ces environnements immersifs nécessite des protocoles de chiffrement robustes. Ceci est particulièrement crucial dans les scénarios impliquant le commerce virtuel, où les utilisateurs s'engagent dans des transactions financières via leurs avatars.

La confidentialité des utilisateurs est une considération centrale dans le metaverse, incitant à l'adoption du chiffrement pour atténuer les risques de violation de données et d'accès non autorisé. Les informations personnelles partagées au sein des communautés virtuelles, telles que les identités réelles et les détails financiers, doivent être protégées pour empêcher le vol d'identité et d'autres activités malveillantes. Les plates-formes sociales de réalité virtuelle telles que "Facebook Horizon" utilisent le cryptage pour protéger les interactions et les données des utilisateurs, permettant une communication sécurisée et privée dans les espaces sociaux numériques.

Cependant, les efforts de chiffrement du metaverse ne sont pas sans défis. Trouver un équilibre entre sécurité et accessibilité pose un dilemme, car des mesures de chiffrement trop complexes pourraient décourager l'adoption par les utilisateurs. De plus, l'intégration du chiffrement dans les expériences immersives doit être transparente et discrète, car toute perturbation peut entraver l'engagement des utilisateurs et l'expérience globale.

Un autre défi se pose dans le maintien du cryptage tout en permettant des fonctionnalités telles que l'analyse de données et la publicité ciblée. Les fournisseurs de services au sein du metaverse peuvent avoir besoin d'accéder à certaines données utilisateur pour offrir des expériences personnalisées ou améliorer les services. Trouver le juste équilibre entre la confidentialité des utilisateurs et l'optimisation des services nécessite des considérations minutieuses et une communication transparente avec les utilisateurs.

Des questions éthiques sur la propriété et le contrôle des données font également surface dans le metaverse. Lorsque les utilisateurs interagissent dans les domaines numériques, leurs actions et leurs comportements génèrent des données précieuses qui peuvent être monétisées par les opérateurs de plateforme. Veiller à ce que les utilisateurs contrôlent leurs données et la manière dont elles sont utilisées devient une préoccupation centrale, s'alignant sur des conversations plus larges sur la confidentialité des données et le consentement des utilisateurs.

b. Vol d'identité et menaces à la sécurité numérique

L'essor du metaverse a créé un nouveau paysage pour le vol d'identité et les menaces à la sécurité numérique, alors que les individus s'immergent dans des environnements virtuels interconnectés. La nature dynamique du metaverse, qui fusionne les réalités numériques et physiques, introduit des vulnérabilités que les acteurs malveillants peuvent exploiter. Comprendre les complexités du vol d'identité et des menaces de sécurité numérique au sein du metaverse implique d'examiner les méthodes évolutives des cyberattaques, les implications pour la confidentialité des utilisateurs et les stratégies nécessaires pour se protéger contre ces menaces.

Le vol d'identité, une préoccupation omniprésente à l'ère numérique, prend de nouvelles dimensions au sein du metaverse. Les utilisateurs partagent des informations personnelles au sein de communautés virtuelles, créent des personnages numériques via des avatars et s'engagent dans des transactions, qui sont toutes susceptibles d'être exploitées. Des acteurs malveillants peuvent manipuler ces identités pour commettre des fraudes, s'engager dans des transactions financières non autorisées ou même usurper l'identité d'utilisateurs dans des environnements virtuels. Ceci est particulièrement préoccupant dans les scénarios impliquant le commerce virtuel, où les transactions financières sont effectuées via des avatars, nécessitant des mécanismes d'authentification robustes pour empêcher tout accès non autorisé.

La nature interconnectée du metaverse amplifie le potentiel de violation de données. Lorsque les utilisateurs naviguent dans différents domaines virtuels, leurs informations personnelles traversent diverses plates-formes et écosystèmes. Cette interconnexion crée une plus grande surface d'attaque que les pirates peuvent exploiter pour accéder à des données sensibles. Par exemple, une brèche au sein d'une plateforme sociale de réalité virtuelle pourrait exposer les données personnelles des utilisateurs, ce qui pourrait conduire à un vol d'identité ou à la compromission de leurs autres comptes en ligne.

Les menaces à la sécurité numérique au sein du metaverse ne se limitent pas au seul vol d'identité. Les cybercriminels peuvent exploiter les vulnérabilités des technologies de réalité virtuelle et de réalité augmentée pour lancer des attaques. Les attaques de logiciels malveillants ou de phishing peuvent cibler les utilisateurs via des applications VR ou AR, les incitant à divulguer des informations personnelles ou à installer des logiciels malveillants qui compromettent leurs appareils. À mesure que ces technologies font partie intégrante de l'expérience utilisateur, la protection contre ces menaces nécessite une approche de sécurité globale.

Garantir la sécurité numérique dans le metaverse est aggravé par la nécessité de trouver un équilibre entre commodité et protection. Les utilisateurs s'attendent à des interactions transparentes et à des expériences immersives, qui peuvent entrer en conflit avec les mesures de sécurité qui nécessitent des étapes supplémentaires pour l'authentification. Trouver des moyens de mettre en œuvre des protocoles de sécurité robustes tout en maintenant une expérience conviviale devient crucial pour encourager une utilisation responsable et minimiser les vulnérabilités.

De plus, la portée mondiale du metaverse exacerbe les problèmes de sécurité numérique, car les utilisateurs de diverses régions s'engagent dans des environnements interconnectés. Des paysages réglementaires variés et des normes de cybersécurité différentes compliquent les efforts visant à créer des mesures de sécurité uniformes. Les opérateurs de plate-forme doivent naviguer dans ces complexités tout en s'assurant que les mesures de sécurité répondent aux divers besoins et attentes des utilisateurs.

Chapitre 8 : Paysages réglementaires du metaverse

a. Défis juridiques et juridictionnels

L'évolution rapide du metaverse a généré des défis juridiques et juridictionnels complexes qui traversent les frontières géographiques et les cadres juridiques traditionnels. Alors que les espaces virtuels s'entremêlent avec les activités du monde réel, des questions se posent concernant la surveillance réglementaire, les droits de propriété intellectuelle, la confidentialité des données et l'application des lois dans ces domaines numériques. Comprendre les subtilités des défis juridiques et juridictionnels au sein du metaverse implique de se plonger dans les complexités des interactions transfrontalières, la collision des lois virtuelles et physiques, et les implications pour les droits et responsabilités des utilisateurs.

Les interactions transfrontalières au sein du metaverse présentent un ensemble unique de dilemmes juridiques. L'absence de frontières physiques dans les espaces virtuels complique l'identification des lois régissant les interactions qui transcendent les frontières nationales. Déterminer les lois de la juridiction qui s'appliquent aux transactions virtuelles, aux litiges et aux activités devient un défi. Par exemple, si un utilisateur basé dans un pays effectue une transaction commerciale virtuelle avec un utilisateur d'un autre pays, des questions sur les lois commerciales du pays qui s'appliquent et sur la manière dont les litiges doivent être résolus se posent. La nature mondiale du metaverse nécessite des cadres internationaux clairs pour relever ces défis transfrontaliers.

La collision des lois virtuelles et physiques est une question centrale dans le paysage juridique du metaverse. Les espaces virtuels peuvent être régis par des conditions de service et des directives communautaires spécifiques à la plate-forme, créant des microcosmes de règles qui divergent des normes juridiques du monde réel. Les implications juridiques des avatars, de la propriété de propriété virtuelle et des actions dans le jeu doivent encore être traitées de manière approfondie. Par exemple, les différends concernant la propriété de la propriété virtuelle dans des jeux comme "Second Life" ont brouillé les frontières entre les droits de propriété numériques et réels, soulignant le besoin de clarté juridique.

Les droits de propriété intellectuelle sont une préoccupation importante au sein du metaverse. Au fur et à mesure que les utilisateurs créent du contenu original, des biens virtuels et des conceptions numériques, des questions sur le droit d'auteur et la propriété émergent. La nature collaborative et générée par les utilisateurs du metaverse complique l'application des lois traditionnelles sur la propriété intellectuelle. Le contenu généré par les utilisateurs dans les mondes virtuels, comme les avatars personnalisés ou les illustrations virtuelles, peut entraîner des litiges concernant la violation du droit d'auteur, la culture du remix et l'appropriation des créations d'autrui.

Les problèmes de confidentialité des données persistent alors que les utilisateurs partagent des informations personnelles et s'engagent dans des transactions au sein du metaverse. Les expériences immersives du metaverse peuvent potentiellement collecter des données utilisateur sensibles, ce qui soulève des inquiétudes quant à la transparence de la collecte de données, au consentement de l'utilisateur et à la sécurité des données. Les utilisateurs peuvent se retrouver confrontés à différentes réglementations en matière de protection des données en fonction de la juridiction dans laquelle ils se trouvent ou de la plate-forme qu'ils utilisent, ce qui souligne la nécessité de normes cohérentes.

De plus, l'application des lois du monde réel dans le metaverse pose des défis pratiques. Les mécanismes de maintien de l'ordre et d'application dans les espaces virtuels pourraient ne pas s'aligner sur les procédures juridiques traditionnelles, ce qui entraînerait des lacunes dans la responsabilisation des individus pour leurs actes. Aborder des problèmes tels que le harcèlement virtuel, les litiges de propriété virtuelle ou la fraude numérique nécessite une adaptation des mécanismes juridiques à la dynamique unique des environnements virtuels.

Équilibrer les droits et les responsabilités des utilisateurs au sein du metaverse devient une considération cruciale. Bien que les utilisateurs aient le droit à la liberté d'expression et de créativité, ils doivent également adhérer aux directives de la communauté, respecter les droits d'autrui et se conformer aux lois applicables. Le metaverse nécessite l'établissement de normes éthiques et juridiques qui garantissent une coexistence sûre, respectueuse et harmonieuse au sein de ces domaines numériques.

b. Propriété intellectuelle et droit d'auteur dans les espaces virtuels

L'émergence du metaverse a suscité des débats complexes autour de la propriété intellectuelle (PI) et du droit d'auteur dans les espaces virtuels, présentant de nouveaux défis et opportunités pour les créateurs, les utilisateurs et les systèmes juridiques. Au fur et à mesure que les individus génèrent et interagissent avec du contenu numérique dans des environnements immersifs, des questions se posent sur la propriété, la protection et l'application des droits de propriété intellectuelle. Pour comprendre les complexités de la propriété intellectuelle et du droit d'auteur dans les espaces virtuels, il faut explorer la convergence des créations numériques, du contenu généré par les utilisateurs et la nécessité de cadres réglementaires qui équilibrent l'innovation et la protection juridique.

Les espaces virtuels au sein du metaverse encouragent une multitude d'expressions créatives, des avatars et des objets virtuels aux environnements virtuels et aux récits interactifs. Au fur et à mesure que les utilisateurs interagissent avec ces éléments, de nouvelles formes de propriété intellectuelle numérique émergent, nécessitant des directives claires en matière de propriété et de protection. La nature collaborative du metaverse brouille souvent la distinction entre créateurs et utilisateurs, soulevant des questions sur qui détient les droits sur le contenu généré par les utilisateurs. Des plates-formes telles que "Roblox" et "Minecraft" permettent aux utilisateurs de concevoir et de partager leurs créations, suscitant des discussions sur la manière dont ces créations sont protégées et qui contrôle leur utilisation.

L'application des principes traditionnels du droit d'auteur au metaverse est complexe en raison de ses caractéristiques uniques. Les mondes virtuels impliquent souvent la réplication de l'architecture, des œuvres d'art et des conceptions du monde réel dans des paysages numériques. Cela soulève des questions sur la violation du droit d'auteur et les œuvres dérivées, car les créations dans les espaces virtuels peuvent incorporer des éléments du monde réel. Par exemple, une galerie d'art virtuelle qui affiche des représentations numériques de peintures célèbres soulève des questions d'utilisation équitable et de la nature transformatrice de l'expérience virtuelle.

La nature globale du metaverse complique les défis de la propriété intellectuelle. Alors que les utilisateurs du monde entier s'engagent dans des environnements interconnectés, l'application des lois nationales sur le droit d'auteur devient complexe. Des normes juridiques, des durées de droit d'auteur et des exceptions différentes selon les juridictions créent des incohérences dans la manière dont la propriété intellectuelle est protégée. Garantir une protection cohérente et harmonisée nécessite une coopération internationale et des efforts de normalisation.

Le concept de rareté numérique et de propriété virtuelle complique davantage les discussions sur la propriété intellectuelle. Les biens et actifs virtuels, tels que des objets uniques dans le jeu ou de l'art numérique, peuvent être détenus et échangés dans des espaces virtuels. Les jetons non fongibles (NFT) permettent la tokenisation des actifs numériques, fournissant une preuve vérifiable de propriété. Cependant, ces jetons remettent en question les notions traditionnelles de droit d'auteur et de propriété, car la possession d'un NFT n'accorde pas nécessairement les droits sur le contenu sous-jacent protégé par le droit d'auteur.

Relever les défis de la propriété intellectuelle et du droit d'auteur dans le metaverse nécessite un équilibre entre les droits des créateurs et les libertés des utilisateurs. Alors qu'une solide protection de la propriété intellectuelle encourage l'innovation et garantit des incitations aux créateurs, des réglementations trop restrictives peuvent étouffer la créativité et limiter l'engagement des utilisateurs. Les plates-formes de création de contenu collaboratives au sein du metaverse, comme "OpenSimulator" et "Sinespace", expérimentent des modèles de licence alternatifs qui offrent aux créateurs plus de flexibilité dans la définition de la manière dont leurs œuvres sont utilisées par d'autres.

Chapitre 9 : Durabilité environnementale dans le metaverse

a. Consommation d'énergie et empreinte numérique

L'avènement du metaverse a suscité des inquiétudes concernant la consommation d'énergie et son impact sur l'environnement, alors que les individus s'engagent de plus en plus dans des expériences virtuelles immersives qui reposent sur des infrastructures informatiques complexes. Les vastes paysages numériques du metaverse, les graphiques haute résolution et les interactions gourmandes en données contribuent à une consommation d'énergie importante, entraînant une empreinte numérique croissante. Pour bien comprendre les implications de la consommation d'énergie et de l'empreinte numérique au sein du metaverse, il est essentiel d'approfondir les facteurs qui déterminent les demandes d'énergie, les conséquences environnementales potentielles et les stratégies d'atténuation de cet impact.

Les expériences immersives du metaverse exigent une puissance de calcul substantielle, principalement des centres de données qui traitent, restituent et diffusent le contenu numérique. Les GPU et CPU hautes performances requis pour le rendu en temps réel, associés à la nécessité d'une mise en réseau à faible latence, contribuent aux opérations énergivores. Par exemple, les environnements de réalité virtuelle (VR) avec des graphiques 3D complexes et des éléments interactifs nécessitent un matériel puissant qui consomme des quantités importantes d'énergie.

Les centres de données alimentant le metaverse fonctionnent 24h/24 et 7j/7 pour garantir des expériences utilisateur fluides, ce qui augmente leur consommation d'énergie. Ces installations nécessitent des systèmes de refroidissement pour éviter la surchauffe, ce qui augmente leurs besoins énergétiques. L'ampleur même de l'infrastructure du centre de données, associée à la diffusion et au rendu constants du contenu, amplifie les problèmes de consommation d'énergie.

L'empreinte numérique du metaverse s'étend au-delà de la consommation d'énergie pour inclure les émissions de carbone et les déchets électroniques. Comme les opérations énergivores génèrent des émissions de carbone, la croissance du metaverse exacerbe son impact environnemental. Le cycle de vie du matériel, de la fabrication à l'élimination, contribue aux déchets électroniques qui peuvent avoir des conséquences néfastes s'ils ne sont pas gérés de manière responsable. La dépendance du metaverse aux avancées technologiques rapides pourrait contribuer à une rotation plus rapide des appareils électroniques, aggravant encore le problème.

Les stratégies visant à atténuer la consommation d'énergie et à réduire l'empreinte numérique du metaverse impliquent une approche multidimensionnelle. L'amélioration de l'efficacité énergétique du matériel, des centres de données et de l'infrastructure réseau est primordiale. Les systèmes de refroidissement avancés, les sources d'énergie renouvelables et les conceptions matérielles économes en énergie peuvent collectivement réduire les demandes d'énergie. Les collaborations entre les fabricants de matériel et les opérateurs de centres de données sont essentielles pour conduire ces améliorations.

Les techniques d'optimisation du contenu peuvent également contribuer à réduire la consommation d'énergie. L'utilisation de technologies de streaming adaptatif, où la qualité du contenu s'ajuste en fonction des appareils des utilisateurs et des conditions du réseau, réduit les exigences de transmission de données et la consommation d'énergie associée. De plus, l'utilisation d'algorithmes de compression plus efficaces peut conduire à des tailles de données plus petites, ce qui réduit la consommation d'énergie lors de la transmission des données.

Sensibiliser les utilisateurs à l'impact environnemental du metaverse peut favoriser des habitudes d'utilisation responsables. Encourager les utilisateurs à choisir du matériel économe en énergie, à gérer le temps d'écran et à adopter des comportements respectueux de l'environnement peut contribuer collectivement à réduire l'empreinte numérique du metaverse. De plus, plaider pour la transparence dans les rapports sur la consommation d'énergie par les plateformes virtuelles peut permettre aux utilisateurs de prendre des décisions éclairées concernant leurs activités numériques.

b. Informatique verte et virtualisation respectueuse de l'environnement

La consommation d'énergie croissante du metaverse a stimulé l'exploration des pratiques informatiques vertes et de la virtualisation respectueuse de l'environnement en tant que stratégies pour atténuer l'impact environnemental des expériences numériques. L'informatique verte implique la conception, l'utilisation et la gestion de systèmes informatiques de manière à minimiser la consommation d'énergie et à réduire l'empreinte environnementale. Alors que le metaverse continue de se développer, l'adoption de pratiques respectueuses de l'environnement devient impérative pour assurer une croissance durable. Pour explorer de manière approfondie l'informatique verte et la virtualisation respectueuse de l'environnement au sein du metaverse, il faut se plonger dans les technologies favorisant l'efficacité énergétique, les exemples concrets de mise en œuvre et les avantages potentiels pour les utilisateurs et l'environnement.

La conception de matériel économe en énergie est au cœur des initiatives d'informatique verte. Les fabricants développent des processeurs, des cartes graphiques et d'autres composants qui privilégient l'efficacité énergétique sans compromettre les performances. Par exemple, les processeurs et GPU à faible consommation d'énergie conçus pour les appareils mobiles peuvent être exploités pour des expériences de metaverse économes en énergie. De plus, les technologies avancées de gestion de l'alimentation permettent aux processeurs d'ajuster dynamiquement leur consommation d'énergie en fonction de la charge de travail, ce qui permet une allocation plus efficace des ressources.

Les pratiques de centre de données respectueuses de l'environnement sont essentielles pour réduire la consommation d'énergie du metaverse. Les centres de données adoptent des techniques de refroidissement innovantes, telles que le refroidissement liquide et le refroidissement naturel, afin de minimiser l'énergie nécessaire pour maintenir des températures optimales. De plus, les centres de données alimentés par des sources d'énergie renouvelables, telles que l'énergie solaire et éolienne, contribuent à réduire les émissions de carbone associées aux opérations du metaverse. Des géants de la technologie comme Google et Microsoft ont investi massivement dans des initiatives d'énergie renouvelable pour alimenter leurs centres de données.

Les technologies de virtualisation jouent un rôle crucial dans l'informatique respectueuse de l'environnement au sein du metaverse. La virtualisation des serveurs permet à plusieurs machines virtuelles de s'exécuter sur un seul serveur physique, optimisant ainsi l'utilisation des ressources et la consommation d'énergie. En consolidant les charges de travail et en réduisant le nombre de serveurs physiques requis, la virtualisation contribue à une infrastructure plus économe en énergie. Par exemple, les fournisseurs de cloud comme Amazon Web Services (AWS) proposent des solutions basées sur la virtualisation pour héberger des applications metaverse, permettant aux utilisateurs de tirer parti des ressources partagées et de l'évolutivité.

Les techniques d'optimisation du contenu s'alignent également sur les pratiques de virtualisation respectueuses de l'environnement. En compressant et en optimisant les actifs numériques, les exigences de transmission de données sont réduites, ce qui entraîne une baisse de la consommation d'énergie lors de la diffusion du contenu. Les technologies de streaming adaptatif adaptent la qualité du contenu en fonction des appareils des utilisateurs et des conditions du réseau, optimisant davantage la transmission des données et la consommation d'énergie. Ces pratiques contribuent à un metaverse plus durable en réduisant l'énergie nécessaire à la transmission des données.

L'informatique verte et la virtualisation respectueuse de l'environnement présentent des avantages potentiels tant pour les utilisateurs que pour l'environnement. Les utilisateurs peuvent bénéficier de performances et d'une efficacité améliorées, car les technologies respectueuses de l'environnement conduisent souvent à une meilleure utilisation des ressources et à une latence réduite. De plus, l'adoption de pratiques durables au sein du metaverse peut améliorer l'engagement des utilisateurs en attirant des publics soucieux de l'environnement.

c. Responsabilité éthique des créateurs de metaverse

Au fur et à mesure que le metaverse évolue et se développe, les responsabilités éthiques de ses créateurs deviennent de plus en plus importantes. Les créateurs de metaverse exercent une immense influence sur la conception, le contenu et les expériences au sein de ces domaines numériques, façonnant les interactions, les valeurs et les comportements des utilisateurs. Comprendre les responsabilités éthiques des créateurs de metaverse nécessite une exploration de la dynamique du pouvoir, des conséquences potentielles des choix de conception et de l'impératif de donner la priorité au bien-être des utilisateurs.

Les créateurs de metaverse détiennent le pouvoir de façonner les expériences et les comportements des utilisateurs dans les espaces virtuels. Les choix de conception, tels que la disposition des environnements virtuels, le comportement des personnages non joueurs (PNJ) et les interactions disponibles pour les utilisateurs, influencent tous la façon dont les utilisateurs naviguent et s'engagent dans le metaverse. Les créateurs ont la responsabilité éthique de favoriser des expériences positives qui favorisent l'engagement, l'empathie et le respect parmi les utilisateurs.

Les implications éthiques des choix de conception du metaverse s'étendent à l'agence et au consentement de l'utilisateur. Les créateurs doivent s'assurer que les utilisateurs sont informés de la manière dont leurs données sont collectées, utilisées et partagées au sein du metaverse. Des politiques de confidentialité claires et transparentes, des mécanismes de consentement éclairé et des options permettant aux utilisateurs de contrôler leurs données sont des éléments essentiels d'une création responsable de metaverse. Des plates-formes telles que "VRChat" permettent aux utilisateurs de définir des limites personnelles et de modérer leurs interactions, en favorisant l'agence et le consentement des utilisateurs.

Les économies virtuelles au sein du metaverse soulèvent également des considérations éthiques. Les créateurs sont chargés d'établir des directives justes et éthiques pour les transactions virtuelles, en empêchant les pratiques d'exploitation telles que les mécanismes de paiement pour gagner ou les microtransactions excessives. S'assurer que les économies virtuelles sont transparentes, équilibrées et ne profitent pas de manière disproportionnée à certains groupes d'utilisateurs fait partie intégrante de la promotion d'un metaverse durable et éthique.

Le potentiel d'impact social du metaverse souligne la responsabilité éthique des créateurs à résoudre les problèmes de société. Les créateurs peuvent tirer parti des environnements virtuels pour sensibiliser aux défis du monde réel, favoriser l'empathie et favoriser le changement social. Des initiatives comme "Black Lives Matter Plaza" au sein de "Minecraft" soulignent comment les espaces virtuels peuvent devenir des plateformes d'activisme et d'éducation.

La modération du contenu et la sécurité des utilisateurs sont des préoccupations éthiques primordiales. Les créateurs doivent mettre en place des mécanismes de modération de contenu efficaces pour prévenir les discours de haine, le harcèlement et d'autres comportements préjudiciables au sein des communautés virtuelles. La responsabilité éthique s'étend à la lutte contre les biais algorithmiques susceptibles d'amplifier les contenus préjudiciables ou de renforcer les schémas discriminatoires.

La responsabilité éthique s'étend également à la lutte contre la dépendance et la surconsommation. Concevoir des expériences de metaverse qui encouragent une utilisation responsable, évitent les mécanismes addictifs et donnent la priorité au bien-être des utilisateurs est crucial. Des choix de conception éthiques peuvent atténuer le risque que les utilisateurs soient excessivement immergés dans des environnements virtuels au détriment des relations et des responsabilités du monde réel.

CONCLUSION

Le voyage à travers les pages de ce livre a exploré le metaverse de sa genèse à ses implications multiformes, découvrant un domaine où les frontières numériques et physiques s'estompent et où l'expérience humaine prend de nouvelles dimensions. De ses racines dans la réalité virtuelle au réseau complexe de défis éthiques, juridiques et sociétaux qu'il présente, le metaverse est apparu comme une force de transformation qui croise la technologie, la culture et l'interaction humaine.

Le metaverse n'est pas qu'un concept ; c'est une toile où convergent rêves, idées et innovations. Son potentiel à remodeler les industries, à redéfinir la communication et à révolutionner l'éducation et le divertissement est évident à travers ses innombrables manifestations. Alors que la technologie continue de progresser, le metaverse fait de même, invitant les créateurs, les utilisateurs et les décideurs à naviguer dans ses eaux inexplorées avec une responsabilité éthique et une prévoyance stratégique.

Pourtant, ses promesses s'accompagnent d'une foule de défis. Des problèmes de confidentialité et des menaces à la sécurité numérique aux dilemmes éthiques inhérents à l'élaboration des réalités numériques, le metaverse exige une réflexion approfondie. L'évolution de l'identité, des relations et du commerce au sein de cet espace immersif nécessite un mélange harmonieux d'innovation, d'autonomisation des utilisateurs et de cadres juridiques qui respectent les droits et encouragent un comportement responsable.

Le metaverse souligne notre interconnexion, à la fois numérique et mondiale. Il reflète notre potentiel de création, de collaboration et d'exploration au-delà des limites du monde physique. Alors que nous entrons dans cette prochaine phase d'interaction humaine, nous devons avancer avec prudence, saisir les opportunités tout en relevant les défis.

L'avenir du metaverse est une tapisserie tissée par les efforts collectifs des individus, des communautés et des industries. C'est un avenir qui nécessite la collaboration, l'empathie et un engagement à façonner un metaverse qui améliore nos vies, encourage l'utilisation éthique de la technologie et protège nos valeurs. À la fin de ce livre, le voyage du metaverse se poursuit, nous invitant à explorer, créer et naviguer dans les paysages numériques en constante évolution qui nous attendent.